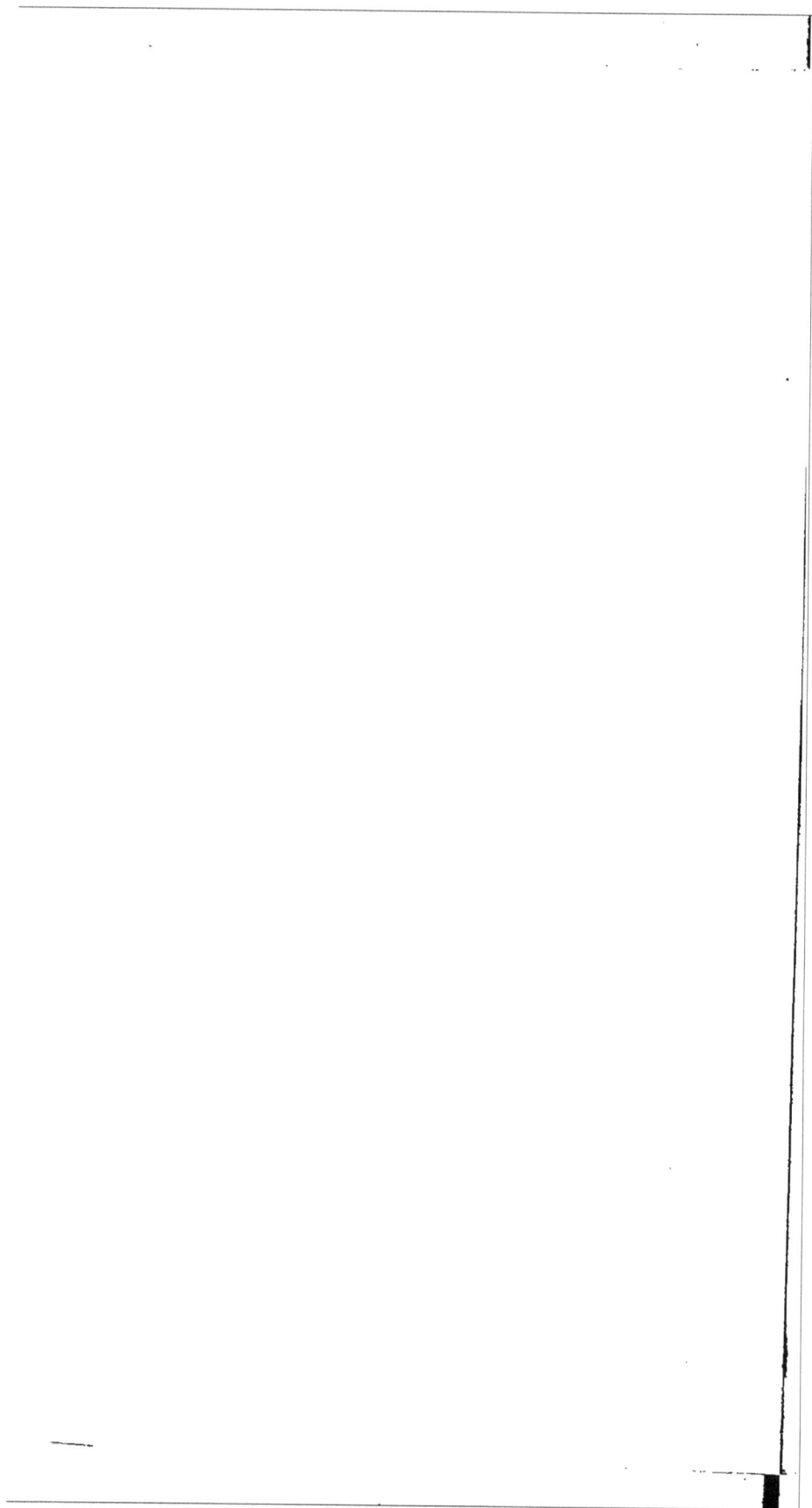

PETITE BIBLIOTHÈQUE PICARDE.

SOUVENIRS DE L'INVASION.

—

LE COMBAT DE CACHY

(27 Novembre 1870)

Par J.-Bte JOUANCOUX.

AMIENS,
IMPRIMERIE T. JEUNET,
Rue des Capucins, 45.

—

M D CCC LXXXIV.

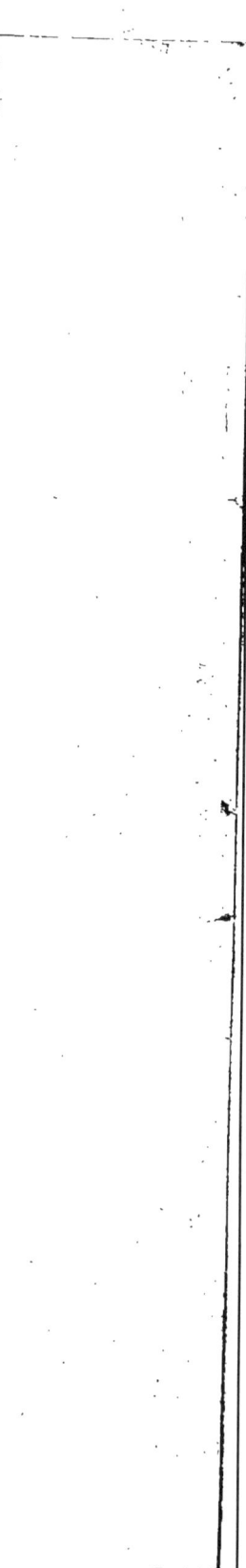

LE COMBAT DE CACHY

PETITE BIBLIOTHÈQUE PICARDE.

SOUVENIRS DE L'INVASION.

—

LE COMBAT DE CACHY

(27 Novembre 1870)

PAR J.-B^te JOUANCOUX.

AMIENS,

IMPRIMERIE T. JEUNET,

Rue des Capucins, 45.

—

M D CCC LXXXIV.

SOUVENIRS

DU

COMBAT DE CACHY

(27 Novembre 1870.)

PAR J.-Bte JOUANCOUX. .

~~~~~~~~~

Avant le Combat.

I

La bataille du 27 novembre 1870, dite *Bataille sous Amiens,* et dont le combat de Cachy est un des plus glorieux épisodes, s'est livrée sur une ligne d'environ vingt-deux kilomètres d'étendue, qui, partant de Villers-Bretonneux, passe à Cachy, à Gentelles, à Boves et à Saint-Fuscien pour finir à Dury.

Dans son remarquable ouvrage : *La Ligne de la Somme*, M. Daussy a montré qu'il y a eu, pour l'armée allemande, deux actions isolées : l'une sur la rive gauche de l'Avre, à Boves, à Saint-Fuscien et à Dury, l'autre entre la Somme et la Luce, à Gentelles, à Cachy et à Villers-Bretonneux. Du côté des Français, l'action fut plus fractionnée encore. Nos troupes étaient trop peu nombreuses pour occuper une ligne de bataille si étendue : tout effort combiné nous était rendu impossible. Cela est vrai surtout pour les troupes placées sous les ordres du colonel Du Bessol, lesquelles formaient l'aile gauche de l'armée française. A Cachy et à Gentelles, les chefs de corps ont été abandonnés à leur initiative personnelle : pas un officier d'ordonnance, pas un cavalier n'a mis le pied ici dans la journée du 27 novembre ; pas un ordre n'y est venu de Villers, sauf, vers huit heures du soir, celui de battre en retraite.

L'action, à Cachy, a été isolée et peut, en conséquence, prendre le nom de *combat*.

II

L'administration préfectorale nous avait informés que les populations seraient prévenues de l'arrivée de l'ennemi : l'armée allemande avait envahi une grande partie du Santerre et ses avant-postes se trouvaient à trois lieues de notre commune, que nous ne nous en doutions même pas.

Dans la journée du 23, le colonel Du Bessol vint à Cachy, accompagné de M. Ernest Dieu, visiter les positions entre ce village, Marcelcave, Gentelles et Domart. Nous lui montrâmes, le capitaine Roy et moi,

1.

l'incendie du Petit-Hangest allumé par les Prussiens. Le colonel ne croyait pas l'armée allemande si près de nous, et surtout ne la croyait pas si forte : il n'était pas, ce jour-là, mieux informé que ne l'avaient été les populations.

Dans la journée du 24, eut lieu, au nord de Mézières, sur la route de Roye, un combat dans lequel l'avantage resta à nos armes Ce n'était, de la part des Prussiens, qu'une simple reconnaissance, comme celle qu'ils firent au bois de Querrieux deux jours avant la bataille de Pont-Noyelles.

Bientôt les éclaireurs ennemis parurent. Le 25, des uhlans traversèrent Hangard et Domart en plein jour ; d'autres, vers le soir, s'avancèrent jusque près de Villers.

Le 26 eut lieu l'escarmouche assez chaude de Gentelles.

Ce village était occupé par le 20ᵉ chasseurs à pied qui avait laissé deux compagnies à Cachy. Le bataillon, bien que composé de jeunes gens dont la plupart n'avaient jamais tiré un coup de fusil, se comporta vaillamment, arrèta d'abord, puis repoussa l'ennemi. Le capitaine Roy me disait le soir : « Nos petits chasseurs vont « bien : ils se sont conduits comme des « vieux de la vieille ».

Ce jour-là, les avant-postes du 8ᵉ corps prussien occupèrent Hailles, Thennes, Domart-sur-la-Luce, ceux du 1ᵉʳ corps Ignaucourt, Démuin et Hangard.

Le dimanche (27 nov.), avant le jour, toute la vallée de la Luce était occupée par les Prussiens, qui avaient en outre placé de forts avant-postes en avant d'Ignaucourt, entre le bois de Morgemont et Marcelcave.

Les deux armées se trouvaient à quatre ou cinq kilomètres l'une de l'autre. Une bataille était imminente et l'action allait se passer sous nos yeux.

III

Le village de Cachy ne compte que 315 habitants.

Il a été occupé, le 22, au soir, par un détachement du 1er bataillon du 43e de ligne, venu de Corbie : ce détachement était commandé par le capitaine Welen, qui logea chez moi.

Il a été occupé, du 24 au 26, au soir par deux compagnies du 20e chasseurs à pied, commandées par le capitaine Roy, et, la nuit du 26 au 27, par une compagnie du 33e de ligne, laquelle fut remplacée le dimanche matin (27 nov.) par le 1er bataillon du 43e de ligne commandé par M. Roslin.

Les chasseurs étaient allés, le 24, prendre part au combat de Mézières et, le 26, à l'escarmouche de Gentelles.

Cachy se trouve à quatre kilomètres de la gare de Villers. L'aile droite du colonel Du Bessol était donc trop éloignée de son centre, et Cachy n'était, quoi qu'on en ait dit, nullement relié à Villers. Cela est si vrai que, le 27, à deux heures et demie, le colonel Du Bessol ne savait encore absolument rien de ce qui se passait à son aile droite : je tiens ce fait d'un de ses officiers d'ordonnance chargé par lui de venir, à ce moment là, reconnaître, à l'intersection des chemins de Villers à Domart et de Marcelcave à Cachy, si l'attaque prus ienne avait fait des progrès du côté de ce dernier village.

IV

Le 27, avant le jour, un détachement du
43e alla faire une reconnaissance au midi
du village, d'abord dans la plaine, ensuite
dans une vallée fort accidentée et coupée
d'une multitude de chemins. Cette reconnaissance qu'un brouillard épais rendait
aussi difficile que périlleuse, fut conduite
par un jeune officier, M. Lagrenée, avec
autant de prudence que de sang-froid. Le
gros du bataillon n'arriva que vers huit
heures et demie : son commandant, M.
Roslin, prit logement chez moi ; l'aide-ma-
jor, docteur Pingaud, chez mon frère.

Vers dix heures, on me signala les uhlans à environ 1,200 mètres du village, en
avant du bois du Fleye et de celui de Han-

gard, et sur le chemin de Villers à Domart ;
ils allaient et venaient sur la même ligne,
à distance à peu près égale l'un de l'autre,
raides et immobiles sur leurs grands chevaux impatients et dociles. Quelques coups
de fusil furent tirés par nos hommes de
grand'garde, mais sans les atteindre ni
même les déranger de leur ligne d'obser-
vation. Je les montrai au docteur Pingaud
qui, comme moi, les distinguait parfaite-
ment à l'œil nu. « Nous n'aurons rien au-
« jourd'hui, me répondit-il, les Prussiens
« ne se battent pas le dimanche. » La vue
si rapprochée d'un rideau d'éclaireurs ennemis ne me présentait pourtant rien de
bien rassurant, et je ne pouvais m'empê-
cher de me rappeler ce que m'avait dit la
veille, en soupant, un lieutenant du 33e de
ligne : « Demain, Monsieur le Maire, vous
« entendrez ronfler le canon ; dites aux

« habitants qu'ils seront mieux dans leurs
« caves que partout ailleurs ».

Le commandant Roslin, en entrant chez
moi, déploya sa carte. Je la trouvai bien
incomplète et lui montrai la mienne que
nous examinâmes soigneusement ensemble,
et sur laquelle se voit encore le coup de
crayon par lequel il a marqué lui-même la
position dont il allait s'emparer. Je lui tra-
çai à la hâte, sur un carré de papier, une
esquisse grossière de carte indiquant seule-
ment l'emplacement du bois de Domart, le
bois de Hangard, Gentelles, les chemins, le
bouquet qui reste du bois du Fleye, et,
dans la plaine nue, quatre pommiers et un
tilleul près duquel il allait trouver la mort...
Il avait l'ordre d'aller occuper la crête
d'une vallée sèche qui commence du côté
de Gentelles, se continue entre les bois du

Fleye et de Domart et se confond plus loin avec la vallée de la Luce. « Je vais, me di- « sait-il, occuper cette position et rejeter « les Prussiens sur le bois de Hangard d'où « une batterie française les mitraillera à « son aise ». Et il ajoutait en s'adressant à Madame Jouancoux : « Soyez tranquille, « Madame ; je les arrangerai comme il faut « ces coquins-là ».

De dix à onze heures, pendant que les officiers déjeunaient et que les soldats mangeaient la soupe chez l'habitant, quel- ques coups de fusil retentirent vers la route de Roye, à deux kilomètres de Ca- chy : c'étaient les grand' gardes du 20e chasseurs qui tiraillaient contre les recon- naissances prussiennes venant de Domart et de Thennes. A onze heures et demie, la fusillade me semblait indiquer un véritable

engagement : j'en prévins le commandant,
et, quelques instants après, le bataillon fut
sous les armes.

Il était temps : la fusillade augmentait
d'intensité et se rapprochait sensiblement
de nous.

Une grande partie du bataillon attendait
dans la rue, devant ma porte, son commandant qui prenait ses armes, examinait
son revolver, jetait un dernier regard sur
mon esquisse de carte, et partait. Je tenais
à lui montrer les quatre pommiers dans la
direction desquels il devait s'avancer pour
arriver à la position qu'il voulait occuper :
je marchai donc avec lui jusqu'au coin des
haies du village et lui indiquai la direction
à prendre. Les balles prussiennes commen-
çaient à siffler autour de nous ; le commandant me le fit observer, me remercia,
me serra la main et me dit qu'il était

temps de me retirer. Je revins sur mes pas
à travers la colonne du 43ᵉ qui sortait du
village. Je vois encore ces braves jeunes
gens partir au combat : beaucoup d'entre
eux chantaient le sublime refrain : « *Al-
lons, enfants de la patrie,* » et parfois la voix
d'un officier se mêlait à la voix des soldats. Ce bataillon-là avait l'âme française :
il l'a prouvé ici, à Pont-Noyelles, à Ba-
paume et à Saint-Quentin.

Le commandant Roslin, après avoir
laissé une compagnie en réserve derrière
une forte meule de paille, déploya sa ligne
de tirailleurs au Midi vers la vallée, à
l'Ouest vers Gentelles, resta lui-même au
centre, entre les pommiers et le tilleul, et
étendit sa gauche à l'Est jusqu'au delà du
chemin de Cachy à Domart.

Je ne veux pas continuer ce récit sans
signaler un fait que j'ai vu de mes yeux,

puisqu'il s'est passé à cent cinquante mètres de la porte de ma maison.

La compagnie de réserve s'abritait soigneusement derrière la meule. S'imaginerait-on ce que faisait l'officier qui la commandait pendant que les balles prussiennes tombaient autour de lui et de ses soldats ? Il se promenait tranquillement, les mains dans les poches, en avant de la meule, examinant le champ de bataille, attendant son tour de marcher au feu. Cet officier avait logé chez moi le mardi soir et je le connaissais bien : c'était un échappé de Metz, le capitaine Welen. De quoi ne sont pas capables des soldats auxquels leurs chefs donnent de pareils exemples de sang-froid et de mépris du danger ?

Le Combat.

I

Il était alors à peu près midi.

Les Prussiens avaient franchi la vallée ; ils occupaient le bois de Domart et le petit bois du Fleye ; ils avaient de l'infanterie dans le bois de Hangard et une forte réserve dans un vieux chemin creux qui va de ce village à Gentelles.

Ils avaient placé une batterie d'artillerie entre le bois de Hangard et le bois du Fleye, une autre sur le terrain défriché du bois de Domart. Ces batteries pouvaient soit battre la plaine au midi de Cachy dans toute son étendue, soit, au besoin, se tourner, la première sur Villers, la seconde sur Gentelles.

Les cadres du bataillon chargé de défendre la position de Cachy étaient formés d'officiers jeunes et énergiques, dont dix sur treize étaient des échappés de Metz, lesquels avaient, selon l'expression de l'un d'eux, *la rage dans le cœur*. Aussi pas un homme ne broncha quand commença le feu qui devint tout de suite très vif de part et d'autre. Vers midi et demi, le canon se mit de la partie : je croyais entendre la batterie française dont m'avait parlé le commandant Roslin, et qui devait, du bois de Hangard, foudroyer les Prussiens. Je fus vite détrompé quand j'entendis des obus passer au-dessus de la maison avec un sifflement sinistre... Des balles brisaient les vitres de mes fenêtres et les ardoises de mon toit... Une grêle d'obus s'abattait sur

le village et sur la plaine... La fusillade
retentissait sur toute la ligne, intense, in-
cessante, comparable, au dire évidemment
exagéré d'un vieux sergent, à celle qu'il
avait entendue à Gravelotte.

II

Bientôt arrivèrent des blessés.

Le premier officier blessé qui nous vint,
fut celui qui, le premier, avait engagé l'action avec l'ennemi. C'était un enfant de la
Somme, le lieutenant Lemaître, né à Mo-
reuil, aujourd'hui capitaine de recrutement
à Amiens. Grièvement blessé à la cuisse,
il ne quitta le terrain que lorsqu'il ne put
plus se tenir debout. Obligé de revenir, il
se fit remplacer par son sous-lieutenant
Jouvainroux ; celui-ci nous arrivait moins
d'une heure après : une balle lui avait tra-

versé la poitrine d'outre en outre. Au centre, le commandant Roslin avait entraîné ses hommes fort en avant, toujours lui-même en première ligne et faisant parfois lui-même le coup de feu. Deux balles l'atteignirent en même temps, l'une à la tête, l'autre au cœur : il tomba. Des soldats voulurent le relever : « C'est inutile, mes « enfants, leur dit-il, je suis perdu, laissez-« moi mourir. » Et il resta étendu à cinquante mètres en avant du tilleul... A la gauche, sur le chemin de Domart, les soldats entraînés par un tout jeune officier, M. Lagrenée, voulaient s'élancer à la baïonnette sur la batterie prussienne qui écrasait d'obus le village et le champ de bataille : plusieurs décharges parties du bois du Fleye les arrêtèrent à la hauteur d'un tilleul qui touche le chemin de Domart. L'officier dont je viens de parler nous arriva bientôt, le bras labouré par une balle, le képi percé d'une autre balle : c'était le troisième officier que nous recevions. Deux, Roslin et Blain, avaient succombé dès le début à l'action. Trois autres, bien que blessés, purent rester sur le champ de bataille : c'étaient les capitaines Welen et Pincherelle et le lieutenant Dancla, aujourd'hui adjudant-major au 72e de ligne. J'ai vu le premier rentrer un instant dans le village et en sortir quinze minutes après. Le second vint le soir serrer la main à ses camarades blessés : il avait une blessure à la jambe, et sa capote présentait trois ou quatre trous de balles : il a été tué à la bataille de Saint-Quentin.

III

Cependant le canon grondait toujours.

2

La fusillade pétillait dans toute la plaine.

Malgré la perte de plusieurs officiers, le 43ᵉ tenait ferme et maintenait sa ligne de combat, ne reculant jamais que pour reprendre plus vigoureusement l'offensive.

Ce n'était pas assez de la guerre et de la mort ; il nous fallait, pour comble de malheur, un autre fléau : l'incendie.

Une lueur sinistre fut aperçue d'abord au bout du village, du côté de Hangard, puis une autre tout près de l'église, une autre sur la place, enfin deux autres non loin de là : les obus prussiens avaient mis le feu à cinq granges importantes qui brûlaient avec tout ce qu'elles contenaient. Je n'oublierai jamais ces moments terribles. Autour de nous, des blessés encombrant toutes nos chambres, étendus les uns sur des lits, les autres sur les parquets recouverts de paille ; des plaintes, des cris de

douleur, des plaies affreuses, du sang, des
balles brisant nos vitres ; au dehors, dans
la plaine, derrière les haies et jusque dans
ma cour, la fusillade ; dans le village, des
tourbillons de flamme et de fumée, et, en
perspective, l'arrivée de l'ennemi en fureur, l'invasion, le pillage, le meurtre...

Un moment, vers trois heures, je crus
que nous étions vaincus ; je venais de voir
le capitaine Welen passer devant ma porte
pour rentrer un instant dans le village :
nous avions été refoulés et des chasseurs
du 20ᵉ bataillon avaient battu en retraite
jusque derrière notre maison. La fusillade
s'entendait surtout entre Cachy et Gentelles, du côté d'un moulin aujourd'hui dé-
truit, où le 1ᵉʳ bataillon des mobiles du
Nord se conduisit bravement et arrêta les
Prussiens qu'il contint au midi du chemin.
C'est alors que le 43ᵉ fit un nouvel effort,

refoula l'ennemi et resta maître des positions qu'il était chargé de défendre. Sept cents hommes, sans artillerie, sans abri d'aucune sorte, dans une plaine nue et sous une grêle d'obus, tinrent ainsi ferme contre un ennemi bien supérieur en nombre et pourvu d'une artillerie dont on connaît trop bien le formidable effet matériel et moral.

Vers trois heures environ, une compagnie du 91e de ligne arriva du Bois-l'Abbé à Cachy, quand elle sut qu'il n'était pas occupé par l'ennemi, traversa rapidement le village et alla prendre part au combat du côté du chemin de Domart. Son arrivée fît grand bien et maintint, dece côté, les Prussiens en respect.

A quatre heures, l'ennemi se retirait sur Domart.

Pendant que les troupes qui avaient

combattu à Villers, battaient en retraite sur Corbie et sur Amiens, le 43e restait maître du champ de bataille de Cachy.

Quand la nuit fut venue, les grand-gardes s'établirent au midi et à l'ouest du village : je leur fis porter des vivres, de la paille et du bois. Les soldats rentrèrent à leurs logements pour prendre de la nourriture, et le bataillon ne quitta Cachy que vers neuf heures du soir, après avoir reçu l'ordre de battre en retraite.

A ce moment-là, il n'y avait plus de blessés sur le champ de bataille : soixante étaient réunis chez mon frère et chez moi, une quinzaine dans trois ou quatre maisons du village. Les feux de bivouac allumés par les grand-gardes avaient été très utiles : certains blessés purent se traîner jusqu'à ces feux, et indiquèrent où se trouvaient d'autres blessés qui ne pouvaient marcher

et que leurs camarades s'empressaient
d'aller relever pour les apporter à l'ambulance.

IV

La situation du village et des habitants,
pendant les quatre heures que dura le combat, fut quelque chose d'affreux. Bien des
gens eurent le bon sens de se réfugier
dans leurs caves : quelques-uns restèrent
dans leurs maisons. Un vieillard se blottit
dans le coin de sa cheminée ; plus de cent
balles frappèrent son toit, ses portes, ses
fenêtres, et un obus, traversant la maison,
éclata dans la cour : il ne bougea pas...
Le christ d'une croix placée devant sa maison eut littéralement bras et jambes cassés
par les projectiles ennemis : on ne l'a pas
encore remplacé. Une femme fut griève-

ment blessée d'un éclat d'obus. Les granges, les maisons, l'église, furent fortement endommagées par les obus. Quant aux incendies, il fut impossible d'arrêter leurs ravages. Lorsque, le lendemain, à neuf heures du soir, il nous arriva 1,500 Prussiens à loger, je montrais aux officiers les granges que le feu achevait de consumer et leur disais : « Où voulez-vous que je « mette 1,500 hommes? Vous avez incen- « dié ce village. » — « La guerre ! me di- « saient-ils ; malheur pour vous ; malheur « pour nous! » Et c'était pour nous, en effet, un bien grand malheur ; car les pertes et dommages dépassaient 40,000 francs.

V

Tel fut le combat de Cachy.

Dans son livre : *La Campagne de l'armée*

du Nord, le général Faidherbe écrit ce qui suit : « Le village de Cachy avait été occupé « en partie par les Prussiens, malgré l'hé-« roïque résistance du bataillon du 43e « chargé de le défendre, et qui avait dû « évacuer cette position très vigoureuse-« ment attaquée. Le général en chef fit re-« prendre l'offensive par la ligne de tirail-« leurs qui bordait le bois de Villers, par le « 20e bataillon de chasseurs et par le 9e ba-« taillon de mobiles. Ces troupes prirent le « pas de course et reprirent vivement le « village. »

Le général Faidherbe ne commandait pas l'armée du Nord le 27 novembre. Il a été induit en erreur par un rapport dans lequel on a pris Cachy pour le village de Gentelles qui, lui, a été, en effet, occupé en partie, par les Prussiens, puis, bientôt après, repris par nos troupes. Il n'y a donc à retenir de ce passage que l'hommage rendu à l'*héroïque résistance* du bataillon qui empêcha l'ennemi de pénétrer dans Cachy.

« Ce village, dit M. Pécourt dans sa *Rela-*
« *tion du combat de Villers Bretonneux*, ne
« fut donc pas occupé ; mais il souffrit
« cruellement de la fureur des Prussiens,
« qui l'accablèrent d'obus, et ce fut à la
« lueur sinistre des incendies qu'ils opérè-
« rent leur retraite. »

M. Daussy écrit : « Cachy fut incendié
« par les obus prussiens ; mais les Fran-
« çais s'y maintinrent toute la journée. »
(*La Ligne de la Somme.*)

J'étais bien aise, dans l'unique intérêt de la vérité historique, de rectifier une erreur assurément involontaire de la part de l'illustre commandant en chef de l'armée du Nord.

L'état-major allemand lui-même reconnaît que l'attaque prussienne a échoué devant Cachy. Je lis dans son grand ouvrage (*La Guerre franco-allemande*, 2e partie, 14e liv.), ce qui suit : « En face du 1er corps, « l'adversaire avait défendu Cachy jusqu'à « une heure assez avancée de la soirée. » Il oublie de dire que, Gentelles ayant été repris vers quatre heures, l'aile gauche de Bentheim a été battue à Cachy et à Gentelles. Le général Manteuffel qui se trouvait au midi de Gentelles quand y arriva, à trois heures, la colonne du général Lecointe, avait été témoin oculaire de cet échec. Aussi se hâta-t-il de se retirer au sud de la Luce, d'où, fort peu rassuré sur l'issue de la journée, il envoya à Bentheim, dont il ne connaissait pas encore le succès à Villers, l'ordre de revenir ce soir-là ou le lendemain prendre position sur la Luce, pour se relier au 8e corps.

Après le Combat.

1

Quand le canon a cessé de gronder et la fusillade de pétiller, tout n'est pas fini.

Restent les morts à enterrer, les blessés à soigner : devoirs tristes, mais sacrés.

Nous habitions alors, mon frère et moi, une maison assez grande située à l'entrée ouest du village, du côté où commença, se continua et finit le combat. Dès que l'action s'engagea, le docteur Pingaud nous dit qu'il allait recevoir et panser chez nous les blessés qui lui seraient amenés.

Une serviette blanche sur laquelle on se hâta de coudre en croix deux bandes rou-

ges, fut attachée au bout d'un long bâton
que mon frère alla clouer à une lucarne ;
les balles lui sifflaient aux oreilles et brisaient les ardoises : l'une d'elles traversa
même la vitre de la lucarne.

Moins de trois quarts d'heure après le
commencement de l'action, il nous arriva
des blessés.

Les officiers du 43e avaient une voiture
pour porter leurs malles. Le bataillon était
à peine sorti du village pour aller au feu,
que la voiture filait sur Corbie, emportant,
avec ces malles, la cantine du docteur, de
sorte que, quand celui ci envoya prendre
ses instruments, tout avait disparu : il se
trouvait avec une simple trousse de poche,
par conséquent sans instruments, sans
charpie, sans diachylon, sans compresses,
sans bandes, sans médicaments d'aucune
sorte.

J'ai vu de bien près le combat, puisque
la fusillade a retenti autour de nous pendant quatre heures : c'est chose moins ter-
rible que je ne le croyais et surtout moins
horrible que le spectacle que m'a offert
l'ambulance. Voir arriver de pauvres jeunes
gens pâles comme la mort, souillés de boue
et de sang, les yeux à demi-éteints ; les
déshabiller ; aider à extraire une balle, à
agrandir une plaie, à ouvrir des chairs san-
glantes ; étendre sur un lit ou sur une botte
de paille des malheureux auxquels la souffrance arrache des cris de douleur, l'un
dont le bras fracassé pend inerte et san-
glant, l'autre dont il faut soutenir la jambe
brisée, un autre dont la tête vous retombe
sur l'épaule ou sur les bras, ah ! c'est là,
je le répète, quelque chose de plus affreux
que le combat.

A mesure que les blessés nous arrivaient,

le docteur, après avoir examiné la blessure, faisait à la hâte un premier panse-
ment. Ils venaient, hélas ! trop nombreux,
épuisés par la fatigue, l'émotion, la souffrance et la perte de leur sang. A défaut de
bandes, je coupais ou déchirais, pour en
faire, tout ce qui me tombait sous la main,
draps, nappes, serviettes. Aidé par mon
frère et un de mes cousins, le docteur Pingaud fouillait les plaies avec le doigt et
une petite sonde pour extraire les balles,
appliquait des compresses, débridait des
plaies. Calme et tranquille, du sang aux
mains, sur sa chemise, sur ses habits, il
était magnifique.

Bien des obus tombèrent autour de l'ambulance : pas un ne toucha la maison. Il
est fort probable que les Prussiens virent
hisser le drapeau au début du combat. Ils
n'avaient pas pour les drapeaux qu'on

place avant le combat le même respect.
« On en a abusé, surtout dans les villages,
« me disait un jour un officier prussien, et
« nous n'en tenons plus compte. » Un éclat
d'obus brisa bien un verre sur la table de
ma salle à manger ; des balles brisèrent
mes vitres et l'une d'elles vint se loger
dans un mur de refend où elle est encore ;
mais aucun projectile n'atteignit ni nos
blessés, ni nous qui allions et venions pour
prendre de l'eau, du sucre, du rhum, du
linge.

A sept heures du soir, nous pûmes res-
pirer et prendre un peu de nourriture.

Quarante blessés étaient étendus dans
nos chambres; d'autres, faute de place,
dans l'aire de la grange ; ceux qui pouvaient rester debout ou assis, étaient dans
la cuisine.

Tous avaient reçu les soins nécessaires.

Après avoir dîné, le docteur alla panser, dans deux ou trois maisons du village, les blessés qui s'y trouvaient, revint voir ceux de notre ambulance et se jeta enfin sur son lit.

II

Il était dix heures.

Les Français étaient partis.

Les incendies brûlaient toujours.

Nous venions d'apprendre que les Prussiens avaient pris Villers : nous les attendions d'heure en heure.

La nuit fut affreuse. Nous la passâmes à faire de la charpie, à aller et venir, pour donner des rafraîchissements , dans nos chambres où l'on ne pouvait poser le pied sans toucher un blessé, où l'odeur du sang

vous soulevait le cœur, tandis que le spectacle de tant de douleurs brisait l'âme.

Aussitôt qu'il fit jour, je fis ramasser les
morts restés sur le champ de bataille. Les
voitures rapportèrent vingt-quatre cadavres : presque tous avaient été frappés à la
tête ou à la poitrine. La voiture qui ramena
le corps du commandant Roslin, s'arrêta à
ma porte. Roslin était encore ganté ; sa
mâle figure, un peu souillée de terre jau-
nâtre, restait presque souriante. Sa main
n'avait pas abandonné l'épée : le bras était
resté levé dans l'attitude du commande-
ment, et il semblait dire encore : « En
avant. » Je le fis déposer dans l'église avec
deux autres officiers, le lieutenant Herbin
et le sous-lieutenant Blain, tués aussi sur le
champ de bataille ; les soldats furent pla-
cés, près de là, sous une grande porte co-
chère, en attendant qu'on creusât leur fosse:

3.

j'aurai toute ma vie dans les yeux ces deux longues rangées de cadavres.

Par mon ordre, deux conseillers municipaux fouillèrent les officiers et les soldats et prirent sur eux tous les renseignements (livrets, lettres, calepins) qui pouvaient contribuer à faire constater leur identité.

Vers neuf heures, une quinzaine de uhlans arrivèrent dans le village, se firent donner du vin, s'assurèrent que les Français étaient partis et disparurent au galop de leurs chevaux.

Une demi-heure après, un médecin prussien venu à cheval, s'arrêtait à ma porte. C'était un homme maigre, grand, jeune encore, aux manières distinguées, fort poli et parlant assez bien le français. Il fut plus qu'étonné de voir dans quel dénuement de toute sorte se trouvait le docteur français, lui promit de lui envoyer, le lendemain, d'Amiens où il se rendait, ce dont il avait le plus besoin, et tous deux se mirent, quelques instants après, à faire les pansements les plus urgents. Ils débridèrent et fouillèrent certaines plaies, plâtrèrent une cuisse, lattèrent quelques jambes et quelques bras, appliquèrent des compresses. Le médecin prussien déjeuna avec nous et promit encore, en nous quittant, de nous envoyer le nécessaire pour les pansements ; mais nous ne reçûmes rien ni le lendemain, ni les jours suivants.

Cependant le docteur Pingaud s'impatientait de se voir sans instruments avec douze ou quinze amputations à faire et avec autant d'autres opérations importantes. Je dépêchai un exprès à Villers à un docteur de mes amis. Villers était encombré de blessés : impossible d'avoir un couteau, une scie, une pince. Il y avait à Villers une

3..

section de l'Internationale; son chef voulait
faire conduire nos blessés dans cette commune, ce qui était, de l'avis du docteur
Pingaud, chose absolument impossible. Il
fallut encore attendre ce jour-là : rien ne
vint ni de Villers, ni de Boves où se trouvait aussi une section de l'Internationale.
On comptait, m'écrivait le chef de celle dé
Villers, *sur le zèle et le dévouement dont je
faisais preuve;* mais le zèle et le dévouement ne sauraient suppléer au manque ab-
solu d'instruments et de médicaments, surtout quand on a soixante-quatorze blessés
à soigner.

Le lendemain, au moment où, vers onze
heures, je revenais d'examiner à quoi en
était la grande fosse des morts, je vois venir à cheval un jeune homme ayant au
bras la croix de Genève. A la vue du drapeau placé à la lucarne, il s'arrête :

— « Vous avez des blessés ici, Monsieur,
« me dit-il avec un accent anglais très
« prononcé?

— « Beaucoup, Monsieur.

— « Avez-vous un médecin ?

— « Oui.

— « Je désire le voir et voir les blessés.

— « Avec le plus grand plaisir. »

Il se hâta de descendre de cheval, entra
chez moi, et fut, comme le médecin prussien, effrayé de voir notre dénuement de
toutes choses. Il prit un verre de vin et un
biscuit, alla voir nos blessés et se hâta de
remonter à cheval. « Je vais, dit-il au doc-
« teur Pingaud, d'abord à Villers, puis à
« Amiens. Ce soir ou demain matin, vous
« recevrez ce dont vous avez besoin : je
« viendrai moi-même avec ma boîte d'ins-
« truments. » Et il tint parole. Le lendemain, une voiture qu'il accompagnait à

cheval, s'arrêtait à ma porte : l'Internationale anglaise, par les soins de Mme Cork,
nous envoyait de la charpie, du linge, des
médicaments, et nous avions enfin les instruments si désirés et si nécessaires.

A compter de ce moment·là, ce fut l'Internationale anglaise qui nous fournit tout
ce qu'il nous fallait : il suffisait de faire de-
mander à Amiens ou à Villers. On ne sera
jamais assez reconnaissant aux Anglais des
services qu'ils ont rendus aux blessés français. Je dois aussi des remerciements à
plusieurs personnes d'Amiens, notamment
à mon excellent ami le docteur Lenoël,
qui est venu ici avec sa dame et son
jeune fils, par un temps affreux, apporter
à nos blessés des secours, des adoucisse-
ments et des paroles de consolation et
d'encouragement.

IV

Une heure après l'arrivée du médecin anglais Leslye, les opérations commencèrent.

L'amputation d'un membre est une chose effroyable, et l'on ne saurait, sans l'avoir vue, s'en former une idée.

Qu'on se figure une grande table recouverte d'un matelas relevé à une extrémité ; tout près, une petite table où sont disposés et étalés avec ordre une foule d'instruments de chirurgie : pinces, aiguilles, scies, couteaux.

L'éclat de l'acier vous donne tout d'abord le frisson.

On apporte un pauvre blessé, pâle, amai-

gri par la souffrance, anxieux, jetant sur
vous des regards qui parfois vous tirent
les larmes des yeux. On lui administre du
chloroforme ; peu à peu il s'endort et on le
place sur le matelas : il ne voit rien, n'entend rien, ne comprend rien. Sa respi-
ration est assez forte, un peu gênée : il rêve.
Parfois il rit, parfois aussi il pleure, fait entendre des sons rauques, des mots inarti-
culés. J'en ai entendu un qui, pendant
qu'on lui taillait les chairs, chantait un
vieux refrain dans le patois de son pays : ce
chant me brisait l'âme.

Cependant tout est prêt.

Un homme reste à la tête du blessé ; un
autre lui contient les bras, deux autres les
jambes. Quelqu'un est là pour donner à
l'opérateur ce qu'il demande couteau, scie,
pince, etc.

J'oubliais le baquet pour recevoir le sang.

O mère ! lève-toi la nuit pour allaiter ton premier-né qui pleure ; entoure-le de soins dans son enfance et élève-le bien jusqu'à vingt ans... Une balle lui brisera la cuisse ; on taillera la chair de ta chair, les os de tes os : le sang de ton fils coulera dans le hideux baquet.

Maudite soit la guerre !

Et maudits en soient les auteurs !

L'opérateur examine la blessure, palpe le membre, le saisit, enfonce le couteau, coupe, tranche, recoupe, sans s'inquiéter du sang qui lui saute à la figure et sur les habits et lui rougit les mains. Les chairs palpitent : on les éponge avec de l'eau tiède ; on cherche les artères, on les lie ; la scie grince sur l'os, le membre tombe. La plaie est nettoyée, débarrassée des lambeaux inutiles ; on rapproche les peaux, on les coud ensemble et le mognon est fait.

L'opération ne va pas aussi vite que je viens de le dire : elle dure, en moyenne, une bonne demi-heure, parfois bien plus longtemps. Pendant qu'il la fait, l'opérateur ne voit rien, n'entend rien ; il est penché sur le patient et ne se relève que quand tout est fini. Alors il respire, regarde le mognon avec satisfaction quand il est bien réussi, et, ce qui est bien naturel pour un homme de l'art, le trouve — ce sont les expressions du docteur Pingaud — beau, charmant.

Moi, j'ai toujours trouvé un mognon une chose affreuse.

V

Tel fut le spectacle que nous eûmes plusieurs jours sous les yeux, apportant les blessés sur la table d'opération, tenant des bras, des jambes, parfois le baquet, présentant au docteur des ligatures, la scie, le couteau. On se fait à ces horreurs : un de mes neveux qui n'avait pas quinze ans, restait toujours là et nous aidait. C'était tantôt une cuisse à couper, tantôt une épaule à désarticuler : toujours du sang. Madame Jouancoux elle-même fut obligée d'assister à l'ablation d'une cuisse. L'opération était difficile et fut fort longue . il lui fallut rester là pour traduire en anglais au médecin anglais qui la faisait, ce que lui disait le docteur français. L'abbé Harleux, curé de Gentelles, qui venait tous les jours voir les blessés, assistait aussi à cette opération.

Le docteur Pingaud avait fait sur Boves une première évacuation des blessés qui pouvaient marcher ou être transportés, puis une seconde deux jours après pour ne garder que ceux qu'il avait été impossible de

faire transporter. Sur son ordre, je comman-
dai au menuisier des lits en planches brutes
jointes à clous. Je distribuai aux femmes
du village des toiles de tente, leur donnant
trois heures pour me les rapporter conver-
ties en traversins et en paillasses remplis
de paille. Nos chambres furent débarras-
sées de la paille sur laquelle gisaient depuis
plusieurs jours nos malheureux blessés ; on
lava le sang qui souillait les parquets. J'é-
tablis une petite ambulance dans le village,
dans la crainte de voir surgir chez nous la
fièvre putride. Dès lors nos blessés, passa-
blement couchés dans des chambres élevées
et pourvues de cheminées, se trouvèrent
dans toutes les conditions de salubrité et de
propreté désirables en pareilles circonstan-
ces. Il ne leur fallait plus que des soins :
les personnes qui ont visité l'ambulance
savent bien qu'ils ne leur ont pas manqué.

Hélas! les soins ne les sauvèrent pas tous.

Deux moururent à la petite ambulance, deux chez moi et huit chez mon frère. Ils reposent à côté de leurs camarades tués sur le champ de bataille, sous un grand arbre qui touche le chemin de Cachy à Gentelles. Les officiers ont chacun leur fosse à part, à l'angle des deux chemins : il y en a quatre. Derrière leurs fosses se trouve la fosse commune qui contient vingt-quatre français ; les morts de l'ambulance, au nombre de douze, ont été enterrés derrière l'arbre dont je viens de parler.

VI

Sur ces tombes, un père de famille, notre compatriote, M. De Bonijol (de Franleu), dont le fils unique a succombé aux suites d'une blessure reçue à Cachy le 27 novembre 1870, a fait élever et entourer d'une belle grille en fer un magnifique monument sur lequel sont gravés les noms des officiers, sous-officiers et soldats morts ici pour la défense de la Patrie. Ce monument et ces *Souvenirs* rappelleront aux générations à venir que les braves qui reposent là et ceux qui ont survécu au combat de Cachy, faisaient partie de cette Armée du Nord qui, après les honteuses capitulations de Metz et de Sédan, *a puissamment contribué*, selon les expressions de son illustre chef, *à rétablir et à maintenir l'honneur du drapeau français*.

23963. — AMIENS. — IMP. T. JEUNET.

201

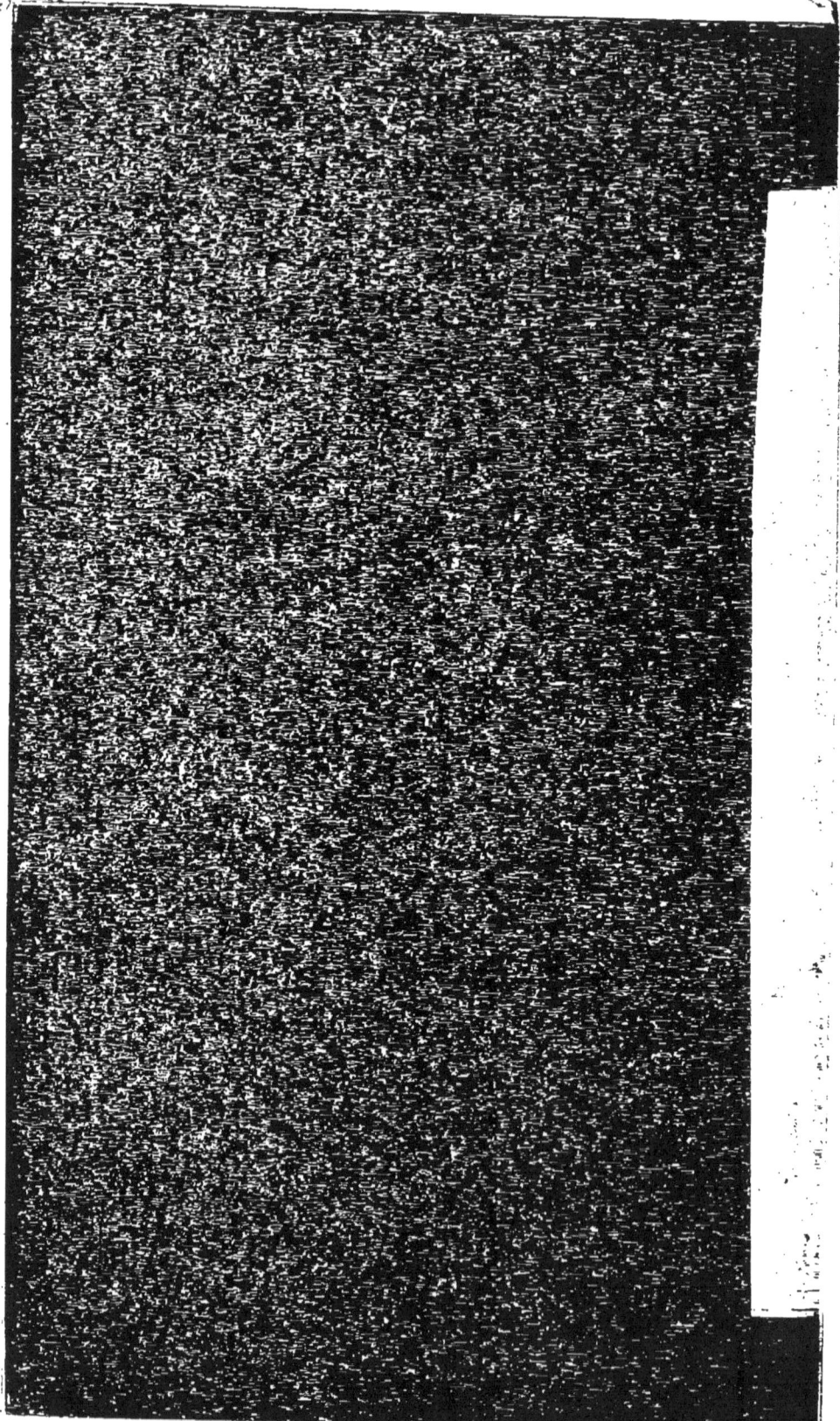

www.ingramcontent.com/pod-product-compliance
Lightning Source LLC
Chambersburg PA
CBHW070947280326
41934CB00009B/2027